El Ideal Personal

EL SENTIDO DE NUESTRA VIDA

Colección Cuadernos PBC

PEQUEÑA BIBLIOTECA CATOLICA N° 12

El Ideal Personal

El sentido de nuestra vida

Texto: P. Rafael Fernández de A.

© Editorial Nueva Patris S.A.

José Manuel Infante 132
Teléfono: 235 1343 - Fax: 235 8674
Providencia, Santiago - Chile
E-mail: gerencia@patris.cl
www.patris.cl

Número de Inscripción: 64.954

ISBN: 956-246-052-4
Bajo el título: ¿He descubierto mi personalidad?
1ª edición, 1986 - 2ª edición, 1987 - 3ª edición, 1990.

ISBN: 978-956-246-221-1
Bajo el título: El Ideal personal
4ª edición: septiembre, 2000
5ª edición: marzo,2002
6ª edición: febrero, 2004
7ª edición: enero, 2009
8ª edición: mayo, 2013

P. Rafael Fernández de A.

El *Ideal Personal*

El sentido de nuestra vida

1

Un triple imperativo

Según Ortega y Gasset, "somos historia por hacer". Aunque la vida –según el mismo autor– "se nos dispara a quemarropa", contamos con fuerzas capaces de moldear nuestro yo y darle un rostro definido. Para el hombre, vivir significa desarrollarse, perfeccionarse y proyectarse. Nadie se contenta con "vegetar". Por eso, en nuestra conciencia surgen las preguntas que cuestionan las raíces de nuestra existencia: qué sentido tiene mi vida; cómo la estoy aprovechando; de dónde vengo y hacia dónde voy. A pesar de que el ritmo de la vida contemporánea tiende a acallar este cuestionamiento existencial, no logra hacerlo del todo: una y otra vez aflora de nuevo en nuestro interior. Puede ser que a veces sintamos nuestra estructura personal y las circunstancias que nos rodean como un límite que nos impide ser más nosotros mismos. Sin embargo, ello no puede dispensarnos de la tarea de autorrealizarnos. Somos un proyecto que llevamos a cabo con los "materiales" que poseemos. No nos hacemos de la nada: nos desarrollamos a partir de nuestras condiciones físicas, de la estructura psicológica original heredada y adquirida, de la realidad social, cultural y económica: en una palabra, de la realidad histórica que nos toca vivir. En este marco concreto se desarrolla la creatividad de nuestra libertad. El libro del Génesis nos dice que fui-

5

mos creados del "polvo del suelo" (Gen. 2, 7). En esa arcilla moldeable debe quedar impresa la fuerza plasmadora de la libertad y del espíritu.

"En los designios de Dios –se dice en la encíclica *Populorum Progressio*– cada hombre está llamado a promover su propio progreso, porque la vida de todo hombre es una vocación dada por Dios para una misión concreta" (N° 75). A partir del conocimiento de nosotros mismos y del conocimiento de la realidad que nos rodea, tenemos que asumir la tarea más importante: dar un sentido a nuestra existencia, conquistar la riqueza y originalidad de nuestra personalidad.

Por la libertad estamos dotados de la capacidad de autodecidirnos y de realizar lo que hemos decidido. Precisamente en esto nos diferenciamos en forma radical de los seres irracionales. El animal no se posee a sí mismo, porque no es libre. El tiene su existencia resuelta: bastan las condiciones exteriores favorables para que desarrolle sus facultades y llegue a ser lo que estaba llamado a ser. Con el hombre sucede algo diferente: "Mientras el tigre –afirma Ortega y Gasset– no puede destigrarse, el hombre vive en riesgo permanente de deshumanizarse. No sólo es problemático y contingente que le pase esto o lo otro, como a los demás animales, sino que al hombre le pasa a veces nada menos que no ser hombre. Y esto es verdad, no sólo en abstracto y en género, sino que vale referido a nuestra individualidad. Cada uno de nosotros está siempre en peligro de no ser ese sí mismo, único e intransferible que es. La mayor parte de los hombres traiciona de continuo ese sí mismo que está esperando ser" (*El hombre y la gente,* p. 45).

Es preciso, por lo tanto, enfrentar el desafío de autorrealizarse. Quien no despierta y toma las riendas de sí mismo en sus manos, pronto tendrá que lamentar y confesar: "Aquel que soy saluda tristemente al que debiera ser".

La encíclica *Populorum Progressio* continúa en el párrafo recién citado: "Desde nuestro nacimiento, nos ha sido dado a todos, como en germen, un conjunto de actitudes y de cualidades para hacerlas fructificar; su floración, fruto de la educación recibida en el propio ambiente y del esfuerzo personal, permitirá a cada uno orientarse hacia el destino que le ha sido propuesto por el Creador. Dotados de inteligencia y de voluntad, somos responsables de lo que hacemos de nuestra vida ante nosotros mismos, ante Dios y ante nuestros semejantes; somos el principal artífice de nuestros éxitos o de nuestros fracasos; no podemos abdicar de la tarea de crecer en humanidad, de valer más y ser más".

Las reflexiones que siguen quieren ayudarnos a asumir esta tarea primordial: llegar a ser nosotros mismos; responder al llamado a autorrealizarnos. Ese llamado proviene de nuestro interior, del Dios que nos creó y que nos ama y del tiempo en que vivimos.

1.1. *Un llamado que brota desde nuestro corazón*

¿Quiénes somos? ¿Cómo podemos definirnos a nosotros mismos? **Somos un proyecto por realizar:** seres germinales, polivalentes y amenazados.

Seres germinales, en primer lugar, porque nacemos como una posibilidad. El adulto no es un niño amplificado por un lente de aumento. La persona desarrolla sus cualidades a partir de un núcleo vital, desde su interior, y en confrontación con su ambiente. En ese germen vital se encuentran los talentos o potencialidades que deben fructificar. La semilla que no se cultiva permanece infecunda y se atrofia. También nosotros –seres germinales– somos una posibilidad: depende de nuestra responsabilidad y de nuestro espíritu de superación que esa posibilidad germinal llegue a ser una realidad plena, que crezca y se desarrolle.

Somos **seres polivalentes,** es decir, nuestro futuro no está determinado como el de las plantas o de los animales. Ante cada uno de nosotros se abre un abanico de posibilidades. Las plantas y los animales están prefijados por su entelequia interna y sus instintos. En cambio, nosotros estamos enfrentados ante diversas opciones y tenemos que optar. "Dondequiera que el hombre pone su pie, pisa cien senderos", reza un proverbio hindú. Cada uno de nosotros puede llegar a ser o un criminal o un santo; puede convertirse en héroe o en un rufián. El hombre posee diversas posibilidades de realización, incluso, contando con circunstancias limitadas; y aunque sólo poseyera una, dentro de ese marco podría dar desde un mínimo hasta un máximo de sí mismo.

Somos, además, **seres amenazados,** expuestos a múltiples riesgos, rodeados por fuerzas que tienden a obstaculizar nuestra propia realización. Pero también amenazados desde nuestro propio interior. Estructuralmente somos seres complejos, ya que reunimos en nuestra persona todas las esferas de la realidad: la material, la espiritual y la sobrenatural. Esto nos plantea el desafío de superar las tensiones a las que por ello estamos sometidos, y a crear nuestra propia síntesis. Esto se agudiza aún más si pensamos en que el pecado original ha dejado profundamente herida nuestra naturaleza, introduciendo en ella un desequilibrio que constantemente entorpece nuestro desarrollo.

Somos una ***obra incompleta,*** "historia por hacer", un proyecto que debe ir construyéndose. Esta es la realidad que clama desde nuestro interior y que nos urge a autoeducarnos. Tenemos que llegar a ser lo que somos, pero aún sólo como una esperanza, como un llamado. Nunca podremos decir: ya terminé, ya soy lo que tengo que ser. Aunque estemos al borde del término de nuestra vida, aún iremos de camino. La carrera sólo concluye cuando morimos y ya no hay más camino por recorrer.

Son muchos los factores que influyen en nuestra educación: nuestros padres, nuestros profesores y maestros; las estructuras sociales, políticas, económicas y culturales; el ambiente en el que crecemos física y espiritualmente. Todo esto no impide que la responsabilidad básica de lo que lleguemos a ser recaiga sobre nuestro yo libre. Él debe ser el agente principal de nuestra autoeducación. Por más positivos que sean los factores externos de la educación, nunca podrán lograr, por sí mismos, un resultado satisfactorio. Es preciso asumir la tarea de construirnos como personalidades libres y armónicas. Si, en cambio, las circunstancias son negativas, la fuerza de nuestra libertad está llamada a influir en ellas. Es necesario, entonces, desarrollar aún con mayor ahínco una personalidad capaz de responder y superar el ambiente.

1.2. *Seres llamados por Aquel que nos creó y redimió*

El llamado a ser surge desde dentro de nosotros mismos: es la urgencia de la semilla que quiere crecer. A este llamado se agrega otro: el de Dios, nuestro Padre y Creador. Lo descubrimos cuando miramos más hondo en nosotros mismos y nos preguntamos de dónde venimos.

Ninguno de nosotros decidió vivir por sí mismo. Nadie dijo: "yo quiero existir". Nadie nos preguntó si queríamos o no vivir. Fue otro quien nos llamó a la existencia. Jean Paul Sartre dice que el hombre existe por casualidad y que se mantiene en la vida por debilidad y que lo único cierto en él es que camina hacia la nada. Sin ser existencialistas, muchos, de uno u otro modo, están contagiados por una angustia existencial. Otros sufren una especie de trauma interior, porque han percibido que sus padres no deseaban que vinieran a este mundo; que existen debido a un error, por una falla de cálculo… Pero, en definitiva, ¿quién nos llamó a la existencia? ¿De qué somos producto? ¿De la casualidad? Sabemos que promedió una palabra directa de Dios. Nuestros padres dieron la ocasión para que existiésemos, pero somos una creación directa de Dios: nuestra alma espiritual no viene de nuestros padres. Cuando ellos nos engendraron, no nos dieron lo más profundo de nuestra personalidad. Fue Dios mismo quien creó y dio su sí a esa alma inmortal, a esa persona espiritual que trasciende la materia, que somos nosotros mismos. **Fue él quien nos llamó, él quien se decidió por nosotros.**

Por eso podemos decir que somos un "deseo encarnado de Dios". Desde antes que naciéramos, el Señor ya nos había llamado por nuestro nombre (cfr. Is. 49,1). No somos producto ni de la casualidad ni de un error sino de una decisión libre del Dios creador, que nos amó y quiso que viviéramos. Fue él quien nos sacó de la nada. Existiendo infinidad de posibilidades en su mente divina –él no estaba obligado a crearme– me eligió a mí.

¡Qué liberadora e importante es esta verdad! ¡Cuánta paz puede darnos! Son tantas las personas que sufren por lo que son; siempre quisieron ser otros; continuamente están mirando al lado y no se conforman. "Muchos hombres están interiormente paralizados, atados, y arrastran una vida mezquina y sin eficacia, porque nunca se han aceptado a sí mismos con sus limitaciones y sus cualidades", escribe Michel Quoist, y agrega: "No desees vivir la vida de otros; no se te acomoda. El Padre nos hizo a cada uno una vida a la medida; endosarnos la de otros sería un error, como si quisieras enfundarte el traje de tu amigo, so pretexto de que a él le ajustaba perfectamente... Sé tú mismo. Los otros te necesitan tal cual el Señor ha querido que fueses. No tienes derecho a disfrazarte, a representar una comedia, puesto que sería un robo a los otros. Dite a ti mismo: voy a llevarle algo, puesto que jamás se encontró con alguien como yo, y jamás lo encontrará, puesto que soy un ejemplar único, salido de las manos de Dios. Alienta un solo deseo: ser plenamente, sin enmiendas, aquel que Dios desea que seas... y serás perfecto" (*Triunfo*, pp. 73 ss.).

El Dios que nos llamó a la existencia y que al hacerlo nos dio una vocación, nos revela su llamado en forma explícita a través de Cristo. Es él quien nos dice, de parte de Dios, hasta qué punto llega su amor por nosotros; él, quien nos comunica todo lo que el Padre espera de nosotros. San Pablo expresa este misterio de elección cuando, irrumpiendo en una alabanza a Dios, inicia la *Carta a los Efesios* con estas palabras:

"Bendito sea el Dios y Padre de nuestro Señor Jesucristo, que en Cristo nos bendijo con toda clase de bendiciones espirituales en los cielos, pues en él nos eligió antes de la constitución del mundo, para que fuésemos santos e inmaculados ante su presencia, en el amor. Eligiéndonos de antemano para ser sus hijos adoptivos por medio de Cristo, conforme al beneplácito de su voluntad" (Ef. 7, 1, ss).

Dios nos eligió en Cristo Jesús desde antes de la creación del mundo. Cuando pensó en él, pensó tam-

bién en nosotros y nos amó y llamó por nuestro propio nombre. En Cristo Jesús nos dijo: tú eres mío; en mi Unigénito te amo a ti y te hago partícipe de su gracia y de su misión.

Somos, por tanto, seres llamados desde el corazón de Dios; elegidos en Cristo Jesús para compartir con él su vida y su misión aquí en la tierra.

1.3. Seres llamados desde nuestro tiempo

Al llamado que brota de nuestro propio ser y estructura personal, a la voz de nuestro Dios que nos creó y que en Cristo Jesús nos regaló una vocación original, se une un tercer llamado: el de nuestro tiempo.

Visto en profundidad, es también Dios quien nos llama desde el tiempo. Con múltiples signos él nos interpela y solicita de nosotros una respuesta. No vivimos ni aislados ni en una cápsula de cristal. Somos hijos de la época en la cual nacimos; **estamos llamados a intervenir en ella ocupando un lugar y realizando una tarea en función y al servicio del todo.**

Nuestro tiempo, como toda época histórica, posee características propias: desafíos y esperanzas por los cuales el Señor nos llama a construir. Pero existen épocas –y la nuestra es una de ellas– en las cuales Dios interviene en forma inusitada y, por otra parte, en las que el demonio, príncipe de este mundo, muestra todo su poder.

Vivimos un extraordinario cambio de época. Un mundo viejo se desmorona. Estamos ante una transición de época más radical que la que se produjo cuando los hombres se hicieron sedentarios; ante un cambio más hondo que el paso del Imperio Romano a la Edad Media o el inicio de la Edad Moderna con el Renacimiento. Es una época en que no puede permitirse la mediocridad, pues en ella se echan los dados del destino del mundo por siglos.

Dios nos llama –clama a nosotros– **desde las llagas de nuestro tiempo:** sus múltiples esclavitudes, sus injusticias, la denigración del hombre, la mentira, el odio y la división, una técnica sin alma, la instrumentalización del hombre, la conculcación de los derechos más elementales de la persona. Son voces del tiempo que nos piden actuar. Pero también Dios nos llama **desde las esperanzas de nuestro tiempo:** gestar una nueva humanidad, más fraternal, más justa; una nueva era que debe florecer en el tercer milenio como actualización del reino de Cristo: el Reino de la verdad y de la vida, de la santidad y del amor, de la paz y la justicia.

2

La respuesta al llamado

¿Qué eco despierta en nosotros este triple llamado? ¿Lo escuchamos? ¿Atinamos a responderlo como corresponde?

Muchas veces no lo escuchamos, porque el llamado es interior y ya poco atendemos a lo interior. **El hombre actual no está atento; no sabe escuchar.** Ya no vivimos, somos vividos. Las circunstancias nos llevan de un lugar a otro. Navegamos de una impresión en otra; cambiamos de una tarea a otra. Nos cuesta sentir lo que habla en nuestro interior. Menos todavía atendemos al llamado que Dios nos hace. Tampoco nos dejamos tiempo para él. ¿Cómo entonces vamos a escuchar y saber lo que él quiere decirnos?

Por otra parte, apenas permitimos que el clamor del tiempo toque nuestro corazón. Cuántas veces la realidad nos resbala. Vivimos como enajenados del tiempo y de las circunstancias; no nos damos cuenta, o quizás, no nos atrevemos a mirar. El Señor nos diría: "¿Teniendo ojos y no veis y teniendo oídos y no oís?" (Mc. 8,18). O nos interpelaría como al pueblo de Israel: "¿A qué compararé la gente de este tiempo? Se parece a los niños que se sientan a jugar en las plazas y gritan a sus compañeros: 'tocamos la flauta, pero ustedes no bailaron; cantamos canciones tristes, pero ustedes no lloraron' " (Mt. 11,16). O quizás nos diría lo mismo que a los fariseos y saduceos: "Al atardecer ustedes dicen: 'va a hacer buen tiempo porque el cielo tiene un rojo de fuego', y a la mañana: 'hoy habrá tormenta, porque el cielo tiene un rojo sombrío'. ¡Pues si ustedes saben interpretar tan bien el aspecto del cielo, ¿por qué no pueden discernir las señales de los tiempos?" (Mt. 16,1-3).

¡Cuántas voces nos hablan! ¿Sabemos interpretar su lenguaje? **A veces percibimos el llamado, pero resulta que estamos confundidos**. Sentimos tantas voces en nuestro interior; de pronto, captamos que Dios nos llama, que nos pide algo, pero no atinamos a distinguir ni descifrar su lenguaje. Vemos lo que sucede en nuestro tiempo, pero estamos desorientados. ¿Qué hacer? ¿Cuál es la verdad? ¿Cuál debe ser nuestro aporte? Y así las posibilidades se nos escurren de las manos.

A esto hay que agregar, además, que la voz que nos llama a ser y a realizarnos constructivamente es interferida por otros llamados; por la voz de nuestros instintos desordenados y del demonio, el tentador por excelencia.

En nuestra persona existen no sólo instintos sanos y positivos, sino también pasiones desordenadas que nos arrastran y que a veces llegan a convulsionar toda nuestra vida. Sentimos no sólo la urgencia de la semilla que quiere crecer, sino también la de ese parásito o de esos gérmenes de corrupción que laten en nosotros; esas ansias desordenadas de placer, de tener y de poder. Hay algo que nos impele a "realizarnos", pero persiguiendo la gloria humana, el brillo exterior, el gozo sin medida, aprovechando y utilizando a los demás en bien propio. ¡Cuánto son capaces de movilizar en nosotros esas voces de nuestro interior! ¡Y cuánto es capaz también de desrientarnos la voz del demonio, –que no es una ficción sino una realidad palpable– que nos susurra al oído o se viste con piel de oveja para apartarnos del auténtico camino de nuestra autorealización. ¡Cuántas voces del tiempo nos llaman también a destruir y a dividir, a "desparramar en lugar de recoger"! (cfr. Mt. 12,30).

No escuchamos el llamado, estamos confundidos; pero también puede ser que escuchemos el llamado, que sepamos cuál es nuestra misión y tarea de vida; que estemos conscientes y hayamos escuchado al Dios que golpea a nuestra puerta. Pero que, habiéndolo escuchado, lo olvidamos. Nos puede suceder aquello que dice el apóstol Santiago del hombre que se miró al espejo: "Porque si alguno se contenta con oír la palabra sin ponerla por obra, ése se parece al que contempla su imagen en el espejo: se contempla, pero, en yéndose, se olvida de cómo es" (Santiago 1, 23). Nos miramos al espejo; pero, nos damos vueltas y se nos olvida quiénes somos; en un momento de fervor, en la oración, o estando en una reunión comunitaria, nos encendemos por los ideales y nos decimos con entusiasmo: "¡Esto es lo que yo quiero ser; esto es lo que Dios quiere de mí!", y salimos luego a la calle, nos encontramos con un amigo, nos vamos al cine, o nos sumergimos en nuestros libros, y ya se nos olvidó el llamado...

A veces –muchas veces– somos así, olvidadizos. **O somos hombres zig-zag, discontinuos, cambiantes según las circunstancias. O nos dejamos vencer por el tedio,** por llevar una vida "decente", pero sin pena ni gloria. O caemos en la tentación de decir: "Bueno, yo soy así, qué le voy a hacer: ¡cuántas veces me he propuesto superar mi propia realidad pero no logro hacerlo". Entonces, la desesperanza nos paraliza y nos corta las alas.

Qué bien nos hace, entonces, escuchar el lema de san Ignacio de Loyola: *"Ad maiora natus sum",* he nacido para cosas más grandes. O lo que el P. Kentenich solía decir usando la imagen del águila y la gallina: "Si nacimos para ser águilas, no tenemos que quedarnos en la planicie como las gallinas". Si he nacido para cosas mayores, si Dios me trajo a la existencia, es porque hay en mí una mina de oro que no puedo despreciar: **tengo que aprender a quererme y a respetarme.** Tengo que aprender a creer en mí mismo y en mis posibilidades. "He nacido para cosas mayores", no he nacido para ser un mediocre. Si alguna vez hemos tomado en nuestras manos el pequeño libro *Camino,* habremos leído la primera frase que aparece en él: "Que tu vida no sea una vida estéril, deja pozo ...", es decir, deja una herencia; cultiva en ti algo que mañana tus hijos puedan admirar. Sé alguien, atrévete a ser; emprende el vuelo del águila. Qué hermoso sería poder confesar con san Pablo, al término de nuestras vidas: "He peleado la buena batalla, he llegado al término de la carrera, me he mantenido fiel." (2 Tim. 4, 7)

3

Como discernir el llamado

No podemos hacernos los sordos al llamado; no podemos permanecer en un estado de confusión, ni debemos dejarnos engañar por otros llamados; tampoco queremos llevar una vida mediocre. **El sentido de nuestra vida es ser una respuesta generosa, heroica y decidida al llamado que late en nuestro corazón, al llamado que nos ha hecho Dios desde la eternidad y al desafío que nos plantea el tiempo en el cual vivimos.**

Ahora bien, **¿cómo conocer exactamente ese llamado?** Esta pregunta es importante, pues nos permite encauzar nuestro esfuerzo y espíritu de superación. Es imprescindible discernir el verdadero llamado: Dios nos ha dado una inteligencia que nos permite conocernos y descifrar el significado de nuestra vocación a ser. El nos regala, además, la abundante luz de su gracia y de su palabra, que iluminan nuestra existencia.

En lo que sigue, propondremos algunos caminos concretos que nos permiten visualizar nuestro proyecto de vida o ideal personal.

Cuando un arquitecto o un ingeniero emprende una obra, primero diseña un proyecto. También nosotros –artífices de nuestra propia personalidad– debemos discernir nuestro propio proyecto de vida a partir del triple llamado al que nos hemos referido. Este proyecto de vida lo denominamos también *ideal personal.* Con ello señalamos que se trata de visualizar nuestro yo en su proyección más plena y acorde al querer del Señor que nos dice: "Sed perfectos como el Padre de los cielos es perfecto". (M.t 5, 48).

3.1. Conocernos en la vida

Dios, al crearnos y confiarnos una tarea en este mundo, nos dotó, a través de las leyes de la herencia, de un carácter y de capacidades naturales y sobrenaturales, de fuerzas interiores que impulsan nuestro desarrollo desde dentro. Así como una planta posee una orientación intrínseca hacia su pleno desarrollo, también nosotros poseemos pasiones e inclinaciones que nos mueven hacia la realización plena de nuestro yo.

Es necesario, por lo tanto, conocerse a sí mismo y descubrir cuál es el impulso fundamental que vibra en nuestro ser; cuáles son los valores y los intereses que nos atraen más intensamente en forma espontánea y natural.

Si quiero saber quién soy y qué vibra en mí, qué es lo que de verdad me interesa más, ante todo tengo que observarme en la acción. Considerando cuál es mi trayectoria de vida, descubriré cuáles son los momentos cumbres que la marcan, tanto positiva como negativamente. Si detecto esos momentos que más me han plenificado o en los cuales más he sufrido, sabré qué es lo que está más vivo y palpitante en mi ser.

Si constatamos, por ejemplo, que algo nos dolió hondamente es, porque tocó la fibra más sensible de nuestra alma; porque fue herido un valor que tengo en alta estima. Si he sufrido por la infidelidad de un amigo o si me ha chocado profundamente la falta de veracidad; o si, positivamente, constato que los momentos más plenos de mi vida son aquellos en los cuales me he podido dar en un servicio o lograr un objetivo por el que he luchado con gran esfuerzo y sacrificio es, porque los valores de la fidelidad o de la veracidad, de la entrega o la conquista, juegan un papel especial en mi vida.

Así, conociendo nuestra historia, ponderando sus altos y bajos, nos descubrimos a nosotros mismos en los grandes desengaños y en las grandes alegrías. **Hagamos un recuento de esos momentos y meditémoslos con detención.**

3.2. *Nuestra pasión dominante*

Un camino que también nos lleva a descubrir nuestra vocación de vida consiste en preguntarnos por nuestra pasión dominante. El término ***pasión dominante*** viene de la filosofía escolástica. En ella se distinguían dos tipos de persona: primero, un tipo que se mueve por el **ansia de amar y ser amado**; y otro que se mueve por el **ansia de conquista**. Unos vibran más con los valores del corazón; otros, en cambio, sueñan con ver realizada una obra grande: les gusta enfrentar las dificultades y luchar hasta conseguir una meta.

Si pudiésemos observar a dos personas, movidas por una de estas tendencias, al encontrarse ante una montaña, veríamos que el primer pensamiento que surge en una sería querer escalar la cumbre hasta conquistarla. La otra, en cambio, se sentaría con un amigo a conversar y a contemplar la hermosura del paisaje dominado por esa montaña; le importa más el encuentro de corazón a corazón que caminar y conquistar el obstáculo que tiene delante. Quien quiso trepar hasta la cumbre, sólo arriba estará tranquila para contemplar y gozar el paisaje. Son dos tipos de personas, dos maneras de ser. ¿Cuál es la predominante en mí?

¿Cuál es mi pasión dominante? Por cierto, todos tenemos algo de ambos modos de ser y sentir. Pero se dan acentuaciones. Unos son más personalidades de lucha, más activos: quieren organizar y hacer cosas, les gusta ver los resultados y se sienten bien cuando otros los admiran. Otros son más bien personalidades del corazón y del diálogo, están dispuestos a ayudar y son capaces de hacer los mayores sacrificios por los demás.

Las personas en las cuales predomina el ansia de dar y recibir amor, son temperamentos afectivos.

Instintivamente tienden al contacto personal, a la amistad y a relacionarse. Poseen un gran impulso a la entrega y al servicio. Personalidades de este tipo normalmente poseen la capacidad de comprender y de sentir con los otros. Pero, con frecuencia, carecen de espíritu de lucha y de conquista. Con facilidad caen en la sensualidad y en el pasivismo, en el subjetivismo y la hipersensibilidad. Muestran tendencia a poseer egoístamente, tratando de "acaparar" al tú. Quien está impulsado por esta pasión, quiere ser comprendido y amado, y si no lo logra, se desconcierta y a veces termina encerrándose en sí mismo y amargándose.

Las personas en las cuales predomina el ansia de conquista se caracterizan por su temperamento combativo; les atraen los valores del poder y de la gloria. Sienten impulsos de realizar cosas heroicas y se complacen en la consecución de su objetivo. Toman iniciativas con gusto y organizan. Se sienten satisfechos sólo cuando han logrado una conquista, mostrando así sus capacidades. Este tipo de personas tiende generalmente a caer en el orgullo, la ambición, el despotismo, la dureza y falta de respeto. Les cuesta mucho aceptar los propios límites y darse personalmente. Casi sin percibirlo, tienden a imponer sus opiniones y deseos.

Ambas pasiones poseen una enorme fuerza positiva; pero, al mismo tiempo, ambas **tienen sus lados débiles.**

¿Cuál de estas pasiones es la que predomina en nosotros? Repasemos su descripción y descubramos con cuál de ellas nos sentimos más identificados.

3.3. Personas a quienes admiramos

Otro camino que nos lleva a conocernos más profundamente consiste en preguntarnos quiénes son las personas que más admiramos. Si, por ejemplo, nos entusiasma la personalidad de Gandhi o somos apasionados admiradores de san Francisco de Asís o de Ignacio de Loyola es, porque instintivamente descubrimos en ellos algo con lo cual nos identificamos.

Esto también vale para nuestra captación de la persona de Cristo. Al leer el Evangelio, cada uno de nosotros tiene una percepción diferente del Señor: nos atrae más uno u otro aspecto de su personalidad; o nos toca más hondamente tal o cual palabra que sale de su boca.

Percibimos valores encarnados que revelan nuestras propias aspiraciones. A través de ellos podemos descubrirnos mejor a nosotros mismos. Por lo tanto, **preguntémonos cuáles son las personalidades que más nos atraen; los santos por los cuales sentimos mayor afinidad y que más llaman nuestra atención; qué valores admiramos en ellos.**

O bien, **leamos con detención uno de los Evangelios y contemplemos la persona de Cristo, preguntándonos cuál de sus rasgos nos motiva más o qué palabra suya encuentra una resonancia especial en nuestro corazón.**

3.4. Nuestra oración o símbolo predilecto

Personas que tienen una vida interior profunda, normalmente poseen una *oración predilecta.* Son esas oraciones que siempre rezamos y que, incluso, quizás nosotros mismos hemos compuesto.

Puede ser también que tengamos una **pequeña frase** o **una jaculatoria** que nos guste repetir con frecuencia. Conviene, entonces, analizar tal oración o jaculatoria y preguntarnos por qué la rezamos con tanto agrado.

Se puede tratar también simplemente de una **vivencia religiosa profunda; una experiencia que marca nuestra relación con Dios.** En todo eso, de una u otra forma, podemos captar nuestra receptividad original de valores, lo que toca nuestra sensibilidad instintiva.

Igualmente, puede ser valioso preguntarnos en este sentido **cuáles son los símbolos que espontáneamente nos atraen.** Por ejemplo, nos puede impresionar la grandeza y solidez de las montañas; el agua que baja impetuosamente de las cumbres; el fuego que irradia su luz y calor, la imagen de los alpinistas que escalan las alturas, etc. Estas u otras imágenes muchas veces traducen intuitiva y certeramente la tendencia fundamental de nuestra personalidad mejor que los meros conceptos.

¿Cuál es mi oración predilecta? ¿Tengo una vivencia, un "pequeño secreto" que me une especialmente al Señor? ¿Me identifico con algún símbolo en particular?

3.5. *La voz del tiempo*

Hemos dicho que somos llamados desde el tiempo. La realidad nos interpela y nos llama a cada uno en forma personal. Cuántas veces, determinadas circunstancias o acontecimientos nos hacen despertar y descubrir en nosotros facetas de nuestra personalidad que estaban latentes.

A veces, un hecho concreto nos golpea profundamente. Se produce, entonces, una especie de concordancia entre lo que sucede fuera y dentro de nosotros.

¿Cómo percibimos el espíritu del tiempo? ¿Conocemos la realidad que nos rodea? ¿Estamos atentos a nuestras reacciones frente a lo que sucede? ¿Qué signos del tiempo percibimos de modo especial como un llamado de Dios para nosotros?

3.6. *La voz de nuestro estado de vida*

Quizás ya hemos caminado suficientemente en la vida como para haber elegido un estado de vida o una profesión.

Nos hemos decidido, por ejemplo, por la vida matrimonial o por la vida religiosa o tenemos una profesión. Con ello, de una u otra forma, sabemos por dónde se encamina nuestra autorrealización.

Sin embargo, no basta con que seamos padres o madres, o que seamos médicos o carpinteros; queda aún por resolver la pregunta sobre la calidad de vida, sobre el tipo de madre o padre, de sacerdote, ingeniero o albañil que estoy llamado a ser.

En otras palabras, **¿cuál quiere ser el cuño de nuestra personalidad en el ejercicio de esa profesión? ¿Por qué la elegimos? Al hacerlo, ¿hemos optado por un valor, por una misión de vida?**

4

Una autoformación guiada por el ideal personal

4.1. Centrar la personalidad

Hemos mencionado diversos caminos que nos conducen al conocimiento de nuestro yo y que nos permiten captar el núcleo de nuestra personalidad en sus **reacciones más espontáneas.** Ello nos asegura la autenticidad y nos previene de "construirnos" un ideal o "imaginarnos" un llamado que no corresponde a nuestra naturaleza

Si nos analizamos en forma demasiado reflexiva, podemos caer fácilmente en la tentación de ponernos un traje que no nos calza. Nos forjaríamos racionalmente un ideal que, quizás objetivamente, puede ser correcto, pero que, de hecho, no es nuestro ideal, no nos "calza". Un traje muy hermoso, pero que nos queda grande o simplemente no nos sienta bien. Tenemos que partir de lo más nuestro. Dios es un creador original y no quiere copias de clisé. Si él ha puesto en nosotros fuerzas y nos ha dado una sensibilidad peculiar, debemos aprovecharlas.

En este sentido, **construimos sobre lo positivo; aprovechamos el viento que impulsa nuestra barca y desplegamos las velas para que navegue aún más rápido.** Así, también, nos será más fácil navegar contra la corriente cuando ello sea necesario.

Ahora bien, luego de considerar en su conjunto las respuestas a las preguntas planteadas en el punto anterior, estamos en condiciones de formular nuestro proyecto de vida o ideal personal.

El proyecto de vida o ideal personal es ese impulso original de nuestro ser querido por Dios; esa vivencia básica que nos identifica; esa semilla que es necesario cultivar, regar y abonar para que, poco a poco, se desarrolle y llegue a tomar forma definida y a dar abundante fruto.

Al inicio del camino, no es preciso poseer una idea acabada del ideal personal. Aquí vale lo de la canción: "Se hace camino al andar". Lo que importa es tener una orientación básica; saber hacia dónde nos dirigimos. En el Evangelio se nos dice: "El que hace la verdad, llega a la luz" (Jn. 3, 21).

Partimos, por lo tanto, de un **conocimiento primario e imperfecto del ideal personal**; pero es suficiente: tomamos una ruta, cogemos una dirección; cultivamos nuestra veta personal; comenzamos a trabajar conscientemente con los dos, los cinco o los diez talentos que recibimos del Señor.

La decisión de autoformarse, orientándose por el ideal personal, centra el esfuerzo y evita el desperdicio de tiempo y de posibilidades, el zigzaguear de un lado a otro: "En nuestro tiempo moderno –afirma Michel Quoist– existe un peligro muy superior a la amenaza de las bombas atómicas; es la 'explosión' interior del hombre, su 'atomización' sicológica o espiritual. Si el hombre domina cada vez más el universo material, parece que, hostigado por las múltiples solicitudes exteriores, se domina cada vez menos a sí mismo. Precisa rehacer su propia síntesis si quiere vivir y obrar" (*Triunfo*, p. 29).

Es preciso vencer al hombre sin un yo definido, que carece de continuidad en su vida interior y en su actividad. Es necesario encontrar un centro, un "principio de síntesis personal". Sólo así seremos y actuaremos en verdad como personas humanas. Sabremos quiénes somos y qué es lo que queremos hacer de nuestra vida.

El ideal personal justamente centra nuestra personalidad, capta y canaliza esa tendencia fundamental que vibra en nosotros; hace que ese germen que se encuentra en la vivencia que nos identifica, adquiera forma y se proyecte en todas las esferas de nuestro ser y actuar. De esta manera, el ideal personal es un factor unificante de nuestro yo, una "idea-fuerza" en torno a la cual nuestra vida adquiere coherencia.

Michel Quoist lo expresa así: "¿Qué le ocurriría a la rueda de tu motocicleta si sus rayos no estuviesen unidos en el eje? No habría rueda. ¿Qué le pasaría al átomo si los electrones quedasen 'libres' de su núcleo central? No habría átomo. ¿En qué se convertiría el hombre si todas sus potencias físicas y espirituales no estuviesen armónicamente reunidas en el eje del yo? No habría hombre" (*Triunfo*, p. 30).

En filosofía se dice: "El fin es la causa de las causas", es decir, poseer una meta pone en movimiento todas las fuerzas de nuestro ser y las potencia, canalizándolas.

Veamos ahora más en detalle cómo llevar a la práctica la autoformación según el ideal personal.

4.2. Ayudas pedagógicas

Para que nuestra autoformación según el ideal personal sea efectiva, se requieren al menos dos cosas:

Primero, **concientizar o internalizar** el ideal personal y, segundo, *aplicar medios concretos* que aseguren su cultivo en la vida cotidiana. Nos referimos aquí al **propósito particular.**

4.2.1. La concientización del ideal personal

Supongamos que hemos descubierto nuestra "veta", o, al menos, algo que en verdad "nos pesca" o nos ''toca", que nos interesa y mueve interiormente.

Surge entonces la pregunta: ¿cómo mantener vivo este anhelo; cómo evitar que sea acallado por otras voces u otros llamados; o que, simplemente, se nos olvide en medio del ajetreo y de las ocupaciones cotidianas? Cuán común es que lo más urgente nos haga dejar en un segundo o tercer plano lo que en verdad es lo más importante.

Las palabras de Moisés al pueblo de Israel nos dan una luz al respecto. Le dice al pueblo de Dios: "Escucha, Israel, Yavhé es nuestro Dios, sólo Yavhé. Amarás a Yavhé, tu Dios, con todo tu corazón, con toda tu alma y con toda tu fuerza. Queden en tu corazón estas palabras que te dicto hoy. Se las repetirás a tus hijos, les hablarás de ellas, tanto si estás en casa como si vas de viaje, así acostado como levantado; las atarás a tu mano como una señal, y serán como una insignia ante tus ojos: las escribirás en las jambas de tu casa y en la puertas" (Deut. 6, 4 ss.).

Esto corresponde, en nuestro lenguaje, a lo que llamamos **concientización del ideal personal**. No basta con conocer el ideal, sino que tenemos que mantenerlo presente en nuestra alma. Para ello es preciso dar los siguientes pasos: **formular un lema, elaborar un símbolo, escribir una corta oración, renovarlo a menudo y hacerlo criterio de decisiones y de iniciativas.**

a) Formulación de un lema

De suyo, sería posible formular el ideal personal o proyecto de vida de diversas formas o expresarlo en distintas imágenes. Una frase o un símbolo nunca lograrán resumir adecuadamente toda la riqueza de una vivencia. Sin embargo, pedagógicamente, es preciso elegir un lema y/o un símbolo que sirva de punto de referencia o centro de asociación; entonces, esas palabras o esa imagen nos evocarán todo un mundo.

De acuerdo al conocimiento que hemos ganado de nosotros mismos, supongamos que nos hemos dado cuenta que existe en nuestra alma una fuerte tendencia a darnos, una acentuada preocupación por el problema social, o una fina sensibilidad por los más necesitados. Ese conocimiento de lo que está vivo en nosotros, tratamos ahora de expresarlo en un lema que sea corto y emotivo. Por ejemplo, decimos como san Pablo: "Quiero ser todo para todos", o valiéndonos de las palabras del Señor: "Por ellos, me santifico".

O tal vez, para poner otro ejemplo, supongamos que nos capta hondamente la vivencia de ser hijos de Dios y del amor misericordioso que él nos tiene. Entonces, elegimos un lema que podría decir así: "Quiero vivir como un hijo predilecto del Padre Dios". O bien, sentimos un intenso impulso de conquista y deseos de luchar por el reino de Cristo; entonces, formulamos el ideal personal diciendo: "Señor, que venga tu reino", o "Constructor de la paz para la vida del mundo."

Son sólo ejemplos. En todo caso, el lema elegido como fórmula del ideal personal no debe ser una idea abstracta y vaga, sino una frase corta, concisa y emotiva, que llame a la acción. El será en adelante la estrella que guíe nuestros pasos. A medida que caminemos y crezcamos, irá cobrando más y más fuerza y se irá definiendo con mayor nitidez.

Lo dicho sobre el lema vale análogamente para los símbolos. Estos, incluso, a veces pueden expresar nuestro ideal mejor que las palabras. Las imágenes dicen más que los conceptos. En este sentido, para referirnos a los casos recién nombrados, alguien puede elegir como símbolo el fuego y decir: "Quiero ser fuego de Cristo", o "Pan de Cristo para la vida del mundo"; o "Mi comida es hacer la voluntad del Padre". Estas u otras imágenes semejantes pueden expresar con fuerza lo que anhelamos vivir. En la medida que vayamos cultivando nuestro ideal personal, ese lema o símbolo irá cobrando cada vez más contenido vital y se irá convirtiendo en un eficaz medio de identificación con nosotros mismos y de unión al Señor.

No es aconsejable cambiar de formulación o de símbolo, a menos que los elegidos se muestren inadecuados. Ciertos desarrollos verdaderamente esenciales del ideal personal harán necesario agregar o cambiar a veces una palabra del lema o modificarlo conjuntamente con el símbolo. Pero no basta el que, en un momento dado, el lema elegido no nos diga nada. Una fórmula que se elige y luego se archiva, pasado algún tiempo, pierde toda su fuerza.

En cambio, si en verdad trabajamos efectivamente con la fórmula del ideal y la convertimos en la estrella que guía nuestra peregrinación, éste cobrará más peso y será capaz de despertar nuestras energías.

b) La oración del ideal personal

Escribir una pequeña oración del ideal personal –al modo del Padre Nuestro o de la Pequeña Consagración– puede ser también una gran ayuda en la concientización del ideal. En ella recogemos en forma más amplia lo que hemos expresado en el lema o el símbolo. Nos ofrecemos al Señor agradecidos por el llamado y la misión que nos ha confiado, y renovamos a él nuestra entrega y disposición a luchar por nuestro ideal. Esa oración podemos rezarla especialmente en el momento de acción de gracias después de la comunión o en las oraciones de la noche. Lo importante es que, al hacerlo, pongamos allí todo nuestro corazón.

c) *Las renovaciones del ideal personal*

Estamos sometidos a la presión de fuerzas centrífugas que proceden de nuestro interior, como también de las que provienen de fuera. Estas tienden a exteriorizarnos y a desviarnos de nuestro norte. Somos también inconstantes y a veces olvidadizos. Estas realidades nos plantean claramente la necesidad de renovar con frecuencia el ideal personal. Pero, más allá de esto, las renovaciones del ideal surgen de la necesidad que tiene todo amor –y el ideal personal es un gran amor– de "repetir" las mismas palabras que siempre nos resultan nuevas y vivificantes, porque son palabras que nacen del corazón.

Renovar el ideal quiere decir dejarse un momento –pueden ser unos segundos o bien pausas más largas– para retomar el hilo conductor de nuestra vida. Lo hacemos en la presencia del Señor y volviéndonos con los ojos de nuestro corazón hacia él y hacia María, nuestra Madre. Establecemos el contacto profundo con Dios, a veces en forma fugaz, pero siempre vivificante. Miramos hacia atrás o hacia lo que nos espera en las próximas horas, poniendo nuestro ser y trabajo en manos del Señor.

La renovación regular y llena de valor del ideal –es decir, no mecánica ni meramente material (en la mañana, al levantarnos, durante nuestro trabajo o estudio, a mediodía, en la tarde y en la noche), irá grabando cada vez de modo más consciente el ideal en nuestra alma. Un mar de fondo atravesará entonces nuestro día de trabajo; nos mantendremos en contacto con nuestro yo profundo y nos uniremos en forma simple y sencilla con el

Dios de nuestra vida. El valor de estas "pequeñas pausas creadoras" es grande para quien lucha por realizarse a sí mismo en medio del mundo y no cuenta con otros muros protectores de su unión a Dios que el "claustro" de su propia interioridad.

d) *Convertir el ideal personal en criterio de decisiones e iniciativas*

La concientización de nuestro ideal personal se hace aún más eficaz cuando se le toma como criterio de decisiones. Si estamos, por ejemplo, ante una disyuntiva, o se nos presenta la posibilidad de hacer o dejar de hacer algo, entonces, nos preguntamos: **¿Qué es lo que está más de acuerdo con nuestro ideal? ¿Corresponde esto a lo que Dios quiere de nosotros?**

El mismo ideal nos ayudará a esclarecer el designio de Dios y su voluntad concreta para nosotros en las encrucijadas de nuestra existencia. Esto no significa que el ideal nos aclare las cosas de tal forma que no quede siempre un amplio margen para la audacia de una entrega en la fe. Sin embargo, la conciencia de la voluntad de Dios para con nosotros, nos ayuda a encontrar el camino y a dar coherencia a nuestra vida en medio de las vicisitudes y contradicciones a las cuales constantemente estamos sometidos. **El ideal personal es también, en este sentido, un criterio de valoración, una luz que nos ilumina para juzgar lo que hemos hecho y lo que tenemos que hacer.**

Tal como el ideal personal ilumina nuestro presente, también nos ayuda a enfrentar el futuro. Como personas libres y dotadas de inteligencia, tenemos la obligación de prever, de programar y decidir, disponiéndonos a enfrentar el futuro y forjarlo según nuestros principios. Por eso, una vez formulado el ideal, **es importante aprender a tomar decisiones por un largo tiempo, en forma consciente, consultando nuestro ideal, hasta que, paulatinamente, este modo de proceder llegue a ser como una segunda naturaleza en nosotros y actúe en forma espontánea.**

El ideal se convierte así en un factor de creatividad e iniciativa: nos lleva a sobrepasar las categorías de lo "normal" y "decente", sacándonos de la pasividad y declarando la guerra a la mediocridad. Impulsados por el ideal nos preguntamos qué más podríamos emprender a la luz del ideal: el amor trata de hacer todo lo mejor posible; busca creadoramente cómo dar mayor alegría a nuestro Dios y Señor y cómo cumplir mejor su voluntad.

4.2.2. *El propósito particular*

El cultivo del ideal personal logra una especial eficacia cuando aprendemos a trabajar con el examen particular o propósito particular. Su "filosofía" es simple: quien quiere lograr una meta debe ponerse metas parciales.

No pocas veces sucede que somos mucho más eficaces y consecuentes, más concretos y realistas, en el mundo de los negocios o en el campo profesional que en nuestra vida espiritual. Cristo no quería vaguedades. "No todo el que me diga: 'Señor, Señor', entrará en el reino de los cielos, sino el que haga la voluntad de mi Padre celestial" (Mt. 7, 24 ss.). El apóstol Santiago lo dice con la siguiente imagen: "Poned por obra la palabra y no os contentéis sólo con oírla, engañándoos a vosotros mismos" (Santiago 1, 22).

Una vez conocido y formulado el ideal, es necesario desarrollarlo, cultivarlo y ponerlo en práctica.

Esta tarea autoformativa la llevamos a cabo básicamente a través del propósito o examen particular, cuyo objeto es poner en nuestras manos una eficaz arma de lucha. Sería utópico e imposible aspirar a la realización global y simultánea de todos los aspectos que incluye el ideal. Tratar de hacerlo significaría desperdiciar fuerzas, porque, como dice el refrán popular, "quien mucho abarca, poco aprieta". Pronto nos desalentaríamos ante nuestros fracasos.

Por eso es preciso ir paso a paso, poniéndose metas parciales: objetivos que realmente puedan ser abordados con éxito. En la vida espiritual acontece algo semejante a lo que pasa con los vasos comunicantes: si se llena de agua uno de los tubos, al mismo tiempo sube el nivel del resto. Nuestra vida espiritual es un organismo: crecer en una actitud implica que simultáneamente también se fortalecen las otras. Ahora bien, si esto es verdad, surge entonces la pregunta en qué campo particular aplicar nuestros esfuerzos. Por cierto que la materia de nuestro propósito particular no puede ser deducida en forma meramente lógica; no se trata de enumerar todas las actitudes que incluye el ideal para luego comenzar a cultivarlas metódicamente una tras otras, mediante el propósito particular. Eso sería proceder mecánicamente y podría llevarnos a una real deformación de nuestra personalidad.

Es el Espíritu Santo quien, en último término, va guiando sabiamente el cultivo de nuestro ideal personal; es el Dios de la vida el que nos va mostrando, a través de nuestra propia realidad personal o de los requerimientos de las situaciones concretas, dónde quiere él que concentremos nuestro esfuerzo. En la medida en que cultivemos la vida sacramental, la meditación y la oración personal y que nos purifiquemos por el sacrificio y la renuncia, se irá agudizando nuestro oído para discernir la voluntad de Dios y elegir lo que él desea de nosotros.

Se trata, entonces, de elegir un claro campo de acción, una actitud determinada. Esto requiere una decisión firme de nuestra voluntad; no simplemente un "deseo vago", o una "buena intención". Por ejemplo, alguien que ha formulado su ideal personal con el lema "Ser todo para todos", constata que es poco respetuoso o que le falta la paciencia en el trato con los demás. Elige, entonces, como examen particular, cultivar especialmente la actitud de respeto. Este será en el futuro el objetivo principal de su autoformación.

Para que su decisión sea eficaz, una vez elegido el campo de acción, medita y valora lo más posible esta actitud a la luz del ideal, enriqueciéndola y motivándose con el ejemplo del Señor y sus enseñanzas, o con el ejemplo de alguna persona que haya vivido ejemplarmente esta actitud. A la vez, se confrontará con su realidad personal y el nuevo modo de vivir que quiere conquistar. Si es preciso, concretizará su esfuerzo en un punto especial, proponiéndose, por ejemplo –continuando con el caso antes mencionado– ser particularmente respetuoso en el lenguaje o cultivar una actitud de respeto especialmente frente a tal o cual persona determinada.

Cada vez que se renueva el ideal personal, es conveniente agregar la renovación del examen particular, es decir, la intención de luchar por esa actitud específica y la petición al Señor y a María de su ayuda para hacerlo.

Todavía algo más, que puede parecer, a primera vista, de poca importancia, pero que en la vida concreta resulta decisivo para la práctica de la autoformación: el control por escrito. Tenemos que contar con nuestra inconstancia y la "fuerza de gravedad" del pecado original. Normalmente el impulso de la decisión y del entusiasmo dura una o dos semanas; luego nuestra voluntad deberá entrar más plenamente en acción para asegurar la permanencia de nuestro esfuerzo. El control por escrito nos previene de dejarnos llevar por las "ganas" y evita que olvidemos el compromiso que hemos asumido ante nosotros mismos y ante el Señor.

Es aconsejable tener un "cuaderno personal" en el cual vayamos anotando nuestras meditaciones y propósitos respecto al ideal personal. Ello nos permitirá también poder apreciar mejor el paso del Señor por nuestra vida. Al hacer la revisión del día, nos examinamos más detenidamente sobre el propósito particular, volviendo siempre a la motivación profunda de la actitud que queremos conquistar.

Epílogo

"**N**o tendremos un continente nuevo sin hombres nuevos que, a la luz del Evangelio, sepan ser verdaderamente libres y responsables". Esta afirmación de los obispos latinoamericanos reunidos en Medellín, conserva toda su vigencia (Cfr. Medellín, 3). Puebla reiteró esta urgencia. Siguiendo las enseñanzas de Paulo VI, Juan Pablo II nos insta a evangelizar la cultura promoviendo, por todos los medios, la dignificación de la persona humana. El objeto de nuestras reflexiones: la autoeducación guiada por el ideal personal, tiene por finalidad precisamente la dignificación de la persona humana, la conquista de la plena libertad de los hijos de Dios.

Afirman los obispos en Puebla, con claridad y certeza:

"No nos cabe duda que, al luchar por la dignidad, estamos unidos también a otros hombres lúcidos que, con un esfuerzo sincero por liberarse de engaños y apasionamientos, siguen la luz del Espíritu que el Creador les ha dado, para reconocer en la propia persona y en la de los demás un don magnífico, un valor irrenunciable, una tarea trascendente. De este modo, nos sentimos urgidos a cumplir, por todos los medios, lo que puede ser el imperativo original de esta hora de Dios en nuestro continente: una audaz profesión cristiana y una eficaz promoción de la dignidad humana y de sus fundamentos divinos, precisamente de quienes más lo necesitan, ya sea porque la desprecian, ya sobre todo, porque sufriendo ese desprecio, buscan –acaso a tientas– la libertad de los hijos de Dios y el advenimiento del hombre nuevo en Jesucristo" (Puebla 379-320).

Estas reflexiones han querido ser un aporte orientado hacia esa "eficaz promoción de la dignidad humana y de sus fundamentos divinos". Estamos convencidos que el florecimiento de una nueva comunidad, basada en hombres auténticamente nuevos, depende del don gratuito del Espíritu Santo, pero también de nuestro esfuerzo por cooperar con su acción.

Con la Iglesia –que busca renovarse, ser alma de una nueva cultura, formar hombres que sean artífices de una nueva humanidad y evangelizar en lo hondo– nos volvemos a María para que ella implore sobre nosotros el Espíritu Santo, quien nos revela el designio de Dios para nuestra vida. Ella quiere mostrarse como nuestra Madre y educadora; ella debe ser la estrella en el camino de nuestra autoeducación y la garantía que nos permita alcanzar lo que constituye nuestro anhelo y esperanza para la Iglesia del futuro.

Nos sabemos llamados y escogidos por Dios. Sabemos que él ha dado un sentido a nuestra vida. No podemos defraudar a Dios ni defraudarnos a nosotros mismos; no podemos defraudar las esperanzas que el Señor, nuestro tiempo y la Iglesia actual tienen en nosotros. Si respondemos a ese llamado del Señor que brota desde lo más hondo de nuestro ser y se manifiesta en los signos del tiempo, entonces habremos aprovechado nuestra vida y habremos dejado una herencia valiosa.

Con san Pablo podremos confesar: "He competido en la noble competición, he llegado a la meta en la carrera, he conservado la fe. Y desde ahora me aguarda la corona de la justicia que aquel día me entregará el Señor, el justo juez; y no solamente a mí, sino también a todos los que hayan esperado con amor su manifestación" (2 Tim. 4, 7 ss.).

Índice